CINZIA RANDAZZO

# IL CONCETTO DELLA FELICITÀ AI PRIMISSIMI ESORDI DEL CRISTIANESIMO

Youcanprint *Self-Publishing*

Titolo | Il concetto della felicità ai primissimi esordi del Cristianesimo

Autore | Cinzia Randazzo

ISBN | 978-88-93069-25-0



Youcanprint Self-Publishing

Via Roma, 73 – 73039 Tricase (LE) – Italy

www.youcanprint.it

info@youcanprint.it

Facebook: facebook.com/youcanprint.it

Twitter: twitter.com/youcanprintit

# INDICE

# PREFAZIONE

In her series on the theological concepts of the Apostolic Fathers and some other early Christian writers Dr Randazzo is publishing now this concise study on the notion of happiness. The contribution consists of two parts: the first one on real happiness, the second part on false happiness.

The first part itself is subdivided into two sections: the teaching of the Fathers on temporary and eternal happiness. The conditions on temporary happiness are examined *e.g.* in the *Pastor* of Hermas. The church – appearing in the form of an elderly lady – gives the teaching of the gospel that those who are persecuted for the Name in fact enjoy happiness of a certain kind. The ones who support the poor also can hope that they will be in possession of happiness already on this earth. The brilliant *Letter to Diognetus* examines the classical philosophical concept of *eudaimonia*, which involves avoiding any kind of violence. But the author also sets for us the example of the Son, who suffered for us, for our salvation and happiness. We are expected to imitate his example. The Christian concept of happiness is examined also by the so-called *Second Letter of Clement to the Corinthians*. The greatest of the apologists, Justin is also very much aware of the Platonic heritage, which already emphasized that true happiness does not depend on the possession of earthly possessions. This is explained also by the mysterious old man whom Justin meets on the seashore, and who directs the apologist's attention to the books of the prophets.

After shortly studying the conditions of the eternal happiness in the works of Ps.-Clement and Justin, the author treats the topic of false happiness, examined again by Ps.-Clement and Hermas. They both agree that the search for temporary earthly pleasures does not lead to real happiness.

The concluding part of the contribution points at the two kinds of approach to the question of happiness: one which is centred on fulfilling the precepts of God, and the other one, which emphasizes that the imitation of Christ, who is the suffering servant of God, leads us to eternal happiness, which will be never lost.

I think this short but valuable contribution adds another lively patch of colour to the painting of Dr Randazzo's about the rich concepts of the early Christian Fathers.

Budapest, 15-6-2016                     László Perendy

Pázmány Péter

Catholic University

# INTRODUZIONE

Scopo del presente lavoro è di studiare il concetto della felicità nelle opere dei Padri apostolici, perché manca un vero e proprio accostamento alla tematica nei testi subapostolici, dal momento che lo studio del Lauster sorvola il periodo subapostolico.[1]
Da tali testi si evince che la tematica si suddivide in due filoni: la vera e la falsa felicità.
I Padri attribuiscono alla vera felicità sia quella temporanea che quella eterna, le quali possono essere raggiunte dal credente a determinate condizioni, condizioni che sono speciale oggetto di studio nel primo capitolo di questo contributo, mentre attribuiscono alla falsa felicità altre condizioni che impediscono all'uomo di raggiungere la vera felicità, condizioni che vengono ad essere speciale oggetto di studio nel secondo capitolo del presente lavoro. Tale indagine diviene significativa per dare un quadro complessivo del pensiero dei padri Apostolici a riguardo di tale tematica.

Pensiero che sarebbe per noi tutti modello da seguire se vogliamo veramente costruire una civiltà all'insegna della vera Felicità.

---

[1] J. LAUSTER, *Dio e la felicità. La sorte della vita buona nel cristianesimo,* (Biblioteca di teologia contemporanea 134), Brescia 2006.

# 1. La vera felicità

## 1.1. *Felicità temporanea: condizioni*

Una donna anziana, che raffigura la chiesa, mostra a Erma che la virtù della continenza, simboleggiata mediante l'immagine di una donna *"che si cinge le vesti e ha l'aspetto virile"*,[2] permette a chi la segue di essere

> felice nella sua vita perchè [egli] si asterrà da ogni opera malvagia nella fiducia che, lungi da ogni insano desiderio, conseguirà la vita eterna.[3]

Ancora la chiesa supplica Erma di essere paziente perchè questa virtù consente allo Spirito Santo, che dimora in Erma, di essere puro e quindi di rallegrarsi e di esultare *"col corpo in cui abita e servirà il Signore con molta gioia. Ha in sè la felicità"*.[4] Di nuovo la chiesa ammonisce Erma di

---

[2] ERMA, *Pastore, visioni* 3,16,4. Ed. crit. F.XAVER FUNK-K. BIHLMEYER-M. WHITTAKER, *Die Apostolischen Väter. Griechisch-deutsche Parallelausgabe,* Tübingen 1992, p. 356. Trad. di A. QUACQUARELLI, *I Padri apostolici*, Roma 1998, p. 257.

[3] *Ibidem*

[4] ERMA, *Pastore, precetti* 5,33,2. Ed. crit. F.XAVER FUNK-K. BIHLMEYER-M. WHITTAKER, *Die Apostolischen Väter.*

osservare il "*perfetto*" digiuno per essere felice. Tale digiuno consiste non solo nel gustare pane e acqua ma nell'offrire la quantità di denaro dei cibi che egli avrebbe mangiato "*alla vedova o all'orfano o al bisognoso*",[5] a condizione che egli abbia purificato il cuore "*da tutte le cose vane di questo mondo*", guardandosi da "*ogni parola cattiva e da ogni desiderio malvagio*".[6] Più avanti Erma, meditando sui precetti "*che belli, potenti, gioiosi e gloriosi potevano salvare l'anima dell'uomo*",[7] afferma che il camminare nella via di questi precetti, dati dall'angelo della penitenza, è una condizione per essere felice.[8] Fermo restando all'angelo della

---

*Griechisch-deutsche Parallelausgabe*, p. 390. Trad. di A. QUACQUARELLI, *I Padri apostolici*, pp. 272-273.

[5] ERMA, *Pastore, similitudini* 5,56,7. Ed. crit. F.XAVER FUNK-K. BIHLMEYER-M. WHITTAKER, *Die Apostolischen Väter. Griechisch-deutsche Parallelausgabe*, p. 442. Trad. di A. QUACQUARELLI, *I Padri apostolici*, p. 298.

[6] ERMA, *Pastore, similitudini* 5,56,6. Ed. crit. F.XAVER FUNK-K. BIHLMEYER-M. WHITTAKER, *Die Apostolischen Väter. Griechisch-deutsche Parallelausgabe*, p. 440. Trad. di A. QUACQUARELLI, *I Padri apostolici*, p. 298.

[7] ERMA, *Pastore, similitudini* 6,61,1. Ed. crit. F.XAVER FUNK-K. BIHLMEYER-M. WHITTAKER, *Die Apostolischen Väter. Griechisch-deutsche Parallelausgabe*, p. 448. Trad. di A. QUACQUARELLI, *I Padri apostolici*, p. 301.

[8] *Ibidem*

penitenza, Erma afferma che questo lo ammonisce a "*mostrare ad ogni uomo le grandezze del Signore*"[9] per avere grazia e perchè

> chiunque camminerà in questi principi vivrà e sarà felice nella sua vita. Chiunque, invece, li trascurerà, non vivrà e sarà infelice nella vita sua.[10]

Molto più avanti Erma reputa felici anche coloro che soffrono per il Nome, glorificando Dio che "*vi ha stimato degni di portare questo nome perchè siano risanati tutti i vostri peccati*".[11] Inoltre l'anonimo autore dell'*A Diogneto* puntualizza che è possibile essere felici imitando la bontà di Dio, bontà che si esplica nel prendere su di sè

> il peso del prossimo e in ciò che è superiore cerca di beneficare l'inferiore;

---

[9] ERMA, *Pastore, similitudini* 10,114,1. Ed. crit. F.XAVER FUNK-K. BIHLMEYER-M. WHITTAKER, *Die Apostolischen Väter. Griechisch-deutsche Parallelausgabe*, p. 540. Trad. di A. QUACQUARELLI, *I Padri apostolici*, p. 345.

[10] *Ibidem*

[11] ERMA, *Pastore, similitudini* 9,105,5. Ed. crit. F.XAVER FUNK-K. BIHLMEYER-M. WHITTAKER, *Die Apostolischen Väter. Griechisch-deutsche Parallelausgabe*, p. 524. Trad. di A. QUACQUARELLI, *I Padri apostolici*, p. 339.

chi, dando ai bisognosi ciò che ha ricevuto da Dio, è come un Dio per i beneficati?.[12]

Il cristiano che vive secondo virtù, cioè

[12] *A Diogneto* 10,6. Ed. crit. F.XAVER FUNK-K. BIHLMEYER-M. WHITTAKER, *Die Apostolischen Väter. Griechisch-deutsche Parallelausgabe*, p. 320. Trad. di A. QUACQUARELLI, *I Padri apostolici*, p. 361. Questo particolare senso dell'*eudaimonia*, strettamente legato all'agire amorevole di Dio verso l'uomo, viene ereditato dalla filosofia medio-platonica. Infatti per Alcinoo la virtù è la sola fonte della felicità: "*Solo il bello è buono, e la virtù è autosufficiente per la felicità*". ALCINOO, *Epitome della dottrina di Platone* 180,39-41. Ed. crit. J. DILLON, *Alcinous. The Handbook of Platonism*, Oxford 1999, p. 36. Trad. di S. LILLA, *Introduzione al medio platonismo*, Roma 1992, p. 37. Pure in Apuleio colui che coltiva il bene perviene alla felicità: "*e non è vano dire che soltanto la virtù può rendere perfettamente felici, in quanto senza di essa non si può trovare la felicità in altre circostanze propizie*". APULEIO, *Platone e il suo dogma* II,23,253. Ed. crit. J. BEAUJEU, *Apulée. Opuscules philosophiques et fragments*, Paris 1973, p. 100. Trad. di S. LILLA, *Introduzione*, p. 44. Inoltre Attico afferma che il virtuoso è sempre felice perché contempla il bello e pratica il Bene, anche se è in preda alle malattie, alla povertà e al disordine: "*la virtù è qualcosa di forte e di bello, e per produrre la felicità non ha mai bisogno di nulla, né si lascia mai separare da essa: anche se sopravvengono la povertà, le malattie, il disordine, le torture (...) il giusto rimane sempre felice e beato*". ATTICO, *frammento* 2,16. Ed. crit. F. WILHELM-A. MULLACH, *Fragmenta Philosophorum Graecorum*, vol. III, Paris 1928, p. 188. Trad. di S. LILLA, *Introduzione*, p. 66. Sulla scia della tradizione medioplatonica, secondo la quale l'uomo che segue i beni dell'anima diviene

secondo la vita razionale dell'anima, è, per l'autore dell'*A Diogneto*, simile a Dio e conseguentemente è felice perchè si comporta secondo virtù. Di chiara impronta medioplatonica è il fatto che, per l'autore dell'*A Diogneto*, il conseguimento della felicità non dipende dal possesso dei beni esterni, ma dall'imitazione della vita divina e quindi da una vita virtuosa, simile a quella divina. Risuona nell'*A Diogneto* il motivo della virtù atta a raggiungere e possedere, da parte dell'uomo, la felicità: l'uomo virtuoso è colui che vive nella prassi, nella mente e nel cuore, la vita divina, divenendo in tal modo felice perchè simile a Dio.

L'autore dell'*A Diogneto* si avvale del termine *eudaimonia* per far osservare al suo interlocutore che la felicità consiste, sulla falsariga del pensiero greco, classico e medioplatonico, nel fare il bene in quanto per natura l'anima tende a tal fine. L'uomo imita

---

virtuoso e quindi simile a Dio, l'anonimo autore fa capire a Diogneto che chi coltiva la vita virtuosa, che è propria dell'anima razionale, la quale è simile a Dio, mette in atto comportamenti consoni alla vita divina, come il fare del bene al prossimo e a chi è nel bisogno.

l'amore gratutito di Dio nel darsi gratuitamente all'altro, prendendo su di sé il fardello degli altri. Amore che, per l'anonimo autore, si è reso visibile nel Figlio che ha portato su di sé i peccati dell'umanità, per riscattarli. Pertanto l'anonimo autore, richiamandosi in 10,5 alla nozione greca della felicità, considera il motivo della felicità strettamente ancorato alla mancanza di violenza degli uni verso gli altri, in quanto viene imitato l'amore gratutito di Dio; amore che l'autore dell'*A Diogneto* in 7,4 reputa essere non violento perché Dio non costringe gli uomini a fare ciò che Egli vuole: *"Non c'è violenza presso Dio"*.[13] Inoltre lo

---

[13] *A Diogneto* 7,4. Ed. crit. H.I. MARROU, *A Diognète*, p. 68. Trad. di E. NORELLI, *A Diogneto*, p. 102. Tale concetto sarà ripreso in forma più chiara da Ireneo, in quanto secondo Ireneo Dio ha fatto l'uomo libero *"per seguire il consiglio di Dio volontariamente e senza essere costretto da lui. Perché non c'è costrizione presso Dio, ma sempre gli è accanto il buon consiglio (...) ha posto nell'uomo il potere della scelta"*. Cfr. IRENEO, *Contro le eresie* IV,37,1. Ed. crit. A. ROUSSEAU-B. HEMMERDINGER-L. DOUTRELEAU-Ch. MERCIER, *Irénée de Lyon. Contre les hérésies*, Paris 1965, p. 920. Trad. di E. BELLINI, *Ireneo di Lione. Contro le eresie e gli altri scritti*, p. 394. Vedi per l'argomento anche il contributo di E. NORELLI, *A Diogneto*, p. 105 n. 17. Sulla base del fatto che tale motivo viene ripreso da Ireneo Connolly deduce che esiste una dipendenza letteraria dell'*A Diogneto* da Ireneo. Cfr. R.H.

ps.Clemente, avvalendosi in parte del testimonium di 1Clemente 23,3-4, ammonisce i fedeli a perseverare nella speranza, invitandoli a paragonarsi non solo alla vite che *"prima perde le foglie, poi spunta il germoglio, dopo l'agresto, infine il grappolo maturo"*,[14] ma anche al popolo fedele a Dio che *"ebbe perturbazioni e dolori; dopo riceverà il bene"*.[15] Per Giustino gli uomini saggi, sia governanti che sudditi, *"potrebbero godere della felicità"*[16] a condizione che i

---

CONNOLLY, *The Date and Authorship of the Epistle to Diognetus*, in "Journal Theological Studies" 36 (1935), pp. 349-350. Diversamente Norelli sottolinea che "*la dipendenza letteraria è tutt'altro che certa, perché si tratta di un luogo comune*". Cfr. E. NORELLI, *A Diogneto*, p. 105 n. 17. Norelli avverte che nel contesto di *A Diogneto* 7,4 tale motivo da un lato può essere considerato un espediente opportuno per persuadere il destinatario alla conversione, mentre dall'altro può essere considerato come modello da imitare riguardo al buon uso che Dio ha nei confronti del potere, come l'autore stesso ha proposto nel contesto prossimo di *A Diogneto* 10,5.

[14] Ps.CLEMENTE, *Omelia* 11,3. Ed. crit. F.XAVER FUNK-K. BIHLMEYER-M. WHITTAKER, *Die Apostolischen Väter. Griechisch-deutsche Parallelausgabe*, p. 164. Trad. di A. QUACQUARELLI, *I Padri apostolici*, p. 227.

[15] Ps.CLEMENTE, *Omelia* 11,4. Ed. crit. F.XAVER FUNK-K. BIHLMEYER-M. WHITTAKER, *Die Apostolischen Väter. Griechisch-deutsche Parallelausgabe*, p. 164. Trad. di A. QUACQUARELLI, *I Padri apostolici*, pp. 227-228.

[16] GIUSTINO, 1*Apologia* 3,2. Ed. crit. M. MARCOVICH,

suddati rendano conto delle proprie azioni e delle proprie parole, come irreprensibili; e che, a loro volta, i governanti giudichino non secondo violenza o tirannicamente, ma seguendo pietà e sapienza.[17]

Giustino rende ragione di questa sua affermazione, appoggiandosi al passo di *Repubblica* V,47,3 di Platone. "*Disse in un passo anche uno degli antichi: «se i governanti e i sudditi non sono filosofi, non è possibile che le città siano felici»*".[18] Sempre nella prima *apologia* Giustino precisa che

chiunque fugga ciò che apparentemente

è bello e persegua ciò che è reputato

aspro e assurdo, ottiene in cambio la

felicità.[19]

---

*Iustini martyris.Apologiae pro christianis*, Berlin-New York 1994, pp. 34-35. Trad. di A.R. RACCONE, *S. Giustino. Le due Apologie*, Milano 2004, p. 43.

[17] *Ibidem*

[18] GIUSTINO 1*Apologia* 3,3. Ed. crit. M. MARCOVICH, *Iustini martyris. Apologiae pro christianis*, p. 35. Trad. di A.R. RACCONE, *S. Giustino. Le due Apologie*, p. 43.

[19] GIUSTINO 2*Apologia* 11,6. Ed. crit. M. MARCOVICH, *Iustini martyris. Apologiae pro christianis*, p. 154. Trad. di A.R. RACCONE, *S. Giustino. Le due Apologie*, p. 149.

Per Giustino, quindi, la virtù "*di squallido aspetto e in squallide vesti*"[20] assurge ad essere la condizione, per chi la segue, per divenire felice.

Se tu mi darai ascolto, ti ornerai non di ornamenti e di bellezza caduchi o corruttibili, ma di ornamenti eterni e belli.[21]

Alla domanda che un vecchio, "*carico di anni, di bell'aspetto*"[22] rivolge a Giustino su che cosa sia la filosofia e "*qual è la felicità che procura*",[23] Giustino risponde che la filosofia

è la scienza dell'essere e la conoscenza del vero, e la felicità che procura è il premio di questa scienza e di questa

---

[20] GIUSTINO 2*Apologia* 11,5. Ed. crit. M. MARCOVICH, *Iustini martyris. Apologiae pro christianis*, p. 153. Trad. di A.R. RACCONE, *S. Giustino. Le due Apologie*, p. 148.

[21] *Ibidem*

[22] GIUSTINO, *Dialogo con Trifone* 3,1. Ed. crit. M. MARCOVICH, *Iustini martyris. Dialogus cum Tryphone*, Berlin-New York 1997, p. 73. Trad. di G. VISONÀ, S. *Giustino, Dialogo con Trifone*, Milano 1988, p. 91

[23] GIUSTINO, *Dialogo con Trifone* 3,4. Ed. crit. M. MARCOVICH, *Iustini martyris. Dialogus cum Tryphone*, pp. 74-75. Trad. di G. VISONÀ, *S. Giustino, Dialogo con Trifone*, p. 93.

sapienza.[24]

A un ulteriore domanda che l'anziano rivolge a Giustino  su quale sia l'affinità tra l'uomo e Dio, - affinità che egli identifica con l'anima divina e immortale  *"parte di quella mente sovrana"* che *"è in grado di cogliere il divino e di conseguenza raggiungere la felicità"*[25] - Giustino risponde positivamente. *"Certamente, risposi"*.[26] Dopo che il vecchio se ne andò Giustino, ponderando le parole del vecchio e convinto della dottrina  di Dio e del Salvatore, ammonisce il lettore  ad avere fiducia  in Dio per avere la possibilità, *"una volta riconosciuto il Cristo di Dio e conseguita una completa iniziazione, di raggiungere la felicità"*.[27] Al suo congedo dagli amici, tra i quali figura Trifone –

---

[24] *Ibidem*

[25] GIUSTINO, *Dialogo con Trifone* 4,2. Ed. crit. M. MARCOVICH, *Iustini martyris. Dialogus cum Tryphone*, p. 77. Trad. di G. VISONÀ, *S. Giustino, Dialogo con Trifone*, p. 96.

[26] *Ibidem*

[27] GIUSTINO, *Dialogo con Trifone* 8,2. Ed. crit. M. MARCOVICH, *Iustini martyris. Dialogus cum Tryphone*, p. 84. Trad. di G. VISONÀ, *S. Giustino, Dialogo con Trifone*, p. 106.

*"l'ebreo della circoncisione"*[28] Giustino prega per loro e afferma che

> la migliore preghiera che posso fare per voi è che riconosciate che per questa via ogni uomo può trovare la felicità e che quindi anche voi come noi arriviate a credere che questo nostro è il Cristo di Dio.[29]

[28] GIUSTINO, *Dialogo con Trifone* 1,3. Ed. crit. M. MARCOVICH, *Iustini martyris. Dialogus cum Tryphone*, pp. 69-70. Trad. di G. VISONÀ, *S. Giustino, Dialogo con Trifone*, p. 86.

[29] GIUSTINO, *Dialogo con Trifone* 142,3. Ed. crit. M. MARCOVICH, *Iustini martyris. Dialogus cum Tryphone*, p. 314. Trad. di G. VISONÀ, *S. Giustino, Dialogo con Trifone*, p. 384.

## 1.2. *Felicità eterna: condizioni*

Nell'*omelia* dello ps. Clemente viene precisato che chi è pio può essere infelice in questo mondo terreno, ma *"il giorno felice lo attende. Egli lassù, vivendo con i suoi padri, godrà nella beata eternità"*.[30] Inoltre Giustino precisa che il fuoco distruttore estingue le pene che hanno contratto le anime dei buoni e queste *"liberate dalle pene, vivono felici"*;[31] invece *"le anime degli iniqui sono punite mantenendo la sensibilità anche dopo la morte"*.[32]

---

[30] Ps.CLEMENTE, *Omelia* 19,4. Ed. crit. F.XAVER FUNK-K. BIHLMEYER-M. WHITTAKER, *Die Apostolischen Väter. Griechisch-deutsche Parallelausgabe*, p. 172. Trad. di A. QUACQUARELLI, *I Padri apostolici*, p. 233.
[31] GIUSTINO 1*Apologia* 20,4. Ed. crit. M. MARCOVICH, *Iustini martyris. Apologiae pro christianis*, p. 62. Trad. di A.R. RACCONE, *S. Giustino. Le due Apologie*, p. 68.
[32] *Ibidem*

## 2. La falsa felicità: condizioni

Nell'*omelia* dello ps.Clemente viene affermato che una delle condizioni per non essere veramente felici è la mancanza di speranza e perseveranza, mancanza che avvertono

> quelli che hanno un animo doppio e vacillano nel cuore dicendo: da tempo abbiamo sentito ciò anche dai nostri padri e avendo aspettato di giorno in giorno nulla abbiamo visto.[33]

Invece Erma annovera nel suo desiderio di avere in moglie una bella donna, che egli precedentemente aveva amato come una sorella, la causa della falsa felicità.[34] Erma credeva di essere felice ma in realtà non lo è stato, perchè per un uomo giusto come lui il desiderio di una donna

---

[33] Ps.CLEMENTE, *Omelia* 11,2. Ed. crit. F.XAVER FUNK-K. BIHLMEYER-M. WHITTAKER, *Die Apostolischen Väter. Griechisch-deutsche Parallelausgabe*, p. 164. Trad. di A. QUACQUARELLI, *I Padri apostolici,* p. 227.

[34] ERMA, *Pastore, visioni* 1,1-2. Ed. crit. F.XAVER FUNK-K. BIHLMEYER-M. WHITTAKER, *Die Apostolischen Väter. Griechisch-deutsche Parallelausgabe*, p. 330. Trad. di A. QUACQUARELLI, *I Padri apostolici,* p. 243.

"*comporta peccato*".[35] Comporta peccato perchè l'uomo giusto, alla pari di Erma,

desidera le cose giuste e col volere le cose giuste, la sua gloria si dirige ai cieli e ha propizio il Signore in ogni cosa,[36]

e non ripone fiducia nelle cose terrene, nè "*magnifica le sue ricchezze e non si preoccupa dei beni futuri*".[37] Sempre per Erma coloro che hanno un animo doppio

si allontanano dalla via della verità. Essi, credendo di poter trovare una strada migliore, si ingannano e da infelici vagano per luoghi impervi.[38]

Erma paragona i doppi di animo,

---

<sup>35</sup> ERMA, *Pastore, visioni* 2,4. Ed. crit. F.XAVER FUNK-K. BIHLMEYER-M. WHITTAKER, *Die Apostolischen Väter. Griechisch-deutsche Parallelausgabe*, p. 334. Trad. di A. QUACQUARELLI, *I Padri apostolici*, p. 245.

<sup>36</sup> ERMA, *Pastore, visioni* 1,8. Ed. crit. F.XAVER FUNK-K. BIHLMEYER-M. WHITTAKER, *Die Apostolischen Väter. Griechisch-deutsche Parallelausgabe*, p. 332. Trad. di A. QUACQUARELLI, *I Padri apostolici*, p. 244.

<sup>37</sup> *Ibidem*

<sup>38</sup> ERMA, *Pastore, visioni* 3,15,1. Ed. crit. F.XAVER FUNK-K. BIHLMEYER-M. WHITTAKER, *Die Apostolischen Väter. Griechisch-deutsche Parallelausgabe*, p. 354. Trad. di A. QUACQUARELLI, *I Padri apostolici*, p. 256.

metaforicamente parlando, con le pietre che, lanciate lontano dalla torre, cadono sulla strada e rotolano per luoghi impraticabili, per indicare che questi sono *"quelli che hanno fede, ma per la doppiezza del loro animo si allontanano dalla via della verità"*.[39] Erma aggiunge che sono infelici coloro che si procurano *"campi, apparati sontuosi, case e dimore utili"*,[40] ignorando che tutte queste cose sono proprietà di Dio.

> Voi servi di Dio, sapete di abitare una terra straniera. La vostra città è molto lontana da questa. Se sapete la città che dovete abitare, perchè mai qui vi procurate campi, apparati sontuosi, case e dimore inutili?.[41]

[39] *Ibidem*

[40] ERMA, *Pastore, similitudini* 1,50,1. Ed. crit. F.XAVER FUNK-K. BIHLMEYER-M. WHITTAKER, *Die Apostolischen Väter. Griechisch-deutsche Parallelausgabe*, p. 426. Trad. di A. QUACQUARELLI, *I Padri apostolici*, p. 291.

[41] *Ibidem*

# CONCLUSIONE

In questo lavoro abbiamo avuto modo di vedere due filoni di pensiero, l'uno virtuale-precettistico e l'altro imitativo-pratico. Da un lato per Erma, Giustino e lo ps.Clemente le virtù detengono piuttosto un ruolo centrale nel cammino dell'uomo, perchè lo rendono felice già nella vita terrena; cammino che viene spianato dall'uomo con l'osservanza dei precetti dati dall'angelo della penitenza, la cui mancata osservanza rende l'uomo falsamente felice.

Dall'altro lato per l'anonimo autore dell'*A Diogneto* invece riveste un ruolo centrale nell'uomo la pratica imitativa della bontà del Figlio, pratica che rende l'uomo felice già nel tempo presente.

# BIBLIOGRAFIA ESSENZIALE


LAUSTER J., *Dio e la felicità. La sorte della vita buona nel cristianesimo*, (Biblioteca di teologia contemporanea 134), Brescia 2006.

QUACQUARELLI A., *I Padri apostolici*, Roma 1998.

XAVER F. FUNK-K. BIHLMEYER-M. WHITTAKER, *Die Apostolischen Väter. Griechisch-deutsche Parallelausgabe*, Tübingen 1992.

Finito di stampare nel mese di Febbraio 2018
per conto di Youcanprint *Self-Publishing*